BEI GRIN MACHT SICH IHR WISSEN BEZAHLT

AF151495

- Wir veröffentlichen Ihre Hausarbeit,
  Bachelor- und Masterarbeit

- Ihr eigenes eBook und Buch -
  weltweit in allen wichtigen Shops

- Verdienen Sie an jedem Verkauf

Jetzt bei www.GRIN.com hochladen und kostenlos publizieren

Bibliografische Information der Deutschen Nationalbibliothek:

Die Deutsche Bibliothek verzeichnet diese Publikation in der Deutschen National-
bibliografie; detaillierte bibliografische Daten sind im Internet über http://dnb.d-
nb.de/ abrufbar.

Impressum:

Copyright © 2012 GRIN Verlag, Open Publishing GmbH
Druck und Bindung: Books on Demand GmbH, Norderstedt Germany
ISBN: 978-3-668-15505-3

Dieses Buch bei GRIN:

http://www.grin.com/de/e-book/315876/warum-helfen-wir-anderen-menschen-
prosoziales-verhalten-und-der-einfluss

Anonym

Warum helfen wir anderen Menschen? Prosoziales Verhalten und der Einfluss unserer Persönlichkeit

GRIN Verlag

GRIN - Your knowledge has value

Der GRIN Verlag publiziert seit 1998 wissenschaftliche Arbeiten von Studenten, Hochschullehrern und anderen Akademikern als eBook und gedrucktes Buch. Die Verlagswebsite www.grin.com ist die ideale Plattform zur Veröffentlichung von Hausarbeiten, Abschlussarbeiten, wissenschaftlichen Aufsätzen, Dissertationen und Fachbüchern.

Besuchen Sie uns im Internet:

http://www.grin.com/

http://www.facebook.com/grincom

http://www.twitter.com/grin_com

Inhaltsverzeichnis

Vorwort

Bei der Beschäftigung mit dem Thema „Prosoziales Verhalten" fiel mir auf, wie alltäglich diese Problematik ist. Beim Einkauf, in der Straßenbahn, innerhalb der Wohngemeinschaft und sonst überall sieht man Menschen, die Hilfe brauchen, und steht vor der Entscheidung, ob man ihnen diese anbietet oder nicht. In diesem Bewusstsein nahm ich meine Umgebung viel intensiver hinsichtlich dieses Themas wahr und versuchte zu ergründen, warum ich, wann und wem helfe. Um ehrlich zu sein: ich weiß es nicht. Diese Entscheidungen fallen in Bruchteilen einer Sekunde, scheinbar ohne, dass man darüber nachdenkt. Deshalb verwunderte es mich bei meiner weiteren Recherche nicht, dass viele Hypothesen und Theorien nebeneinander existieren, aber keine einzelne davon Anspruch auf absolute Wahrheit und Gültigkeit erheben kann. Ich persönlich halte bestimmte Aspekte aus jeder Theorie für zutreffend, meiner Meinung nach ist alles miteinander verknüpft. Deshalb werde ich im ersten Teil meiner Arbeit auf die Erklärungsansätze der Evolutionspsychologie, auf den sozialen Austausch und auf die Empathie-Altruismus-Hypothese eingehen. Anschließend behandele ich die Frage, warum manche Menschen mehr helfen als andere, indem ich persönliche Determinanten, wie die altruistische Persönlichkeit, das Geschlecht, die kulturelle Prägung und die Stimmung und ihre Auswirkungen auf das prosoziale Verhalten darzustellen versuche.

1. Warum helfen Menschen?

1.1 Evolutionspsychologische Erklärungen

Die Evolutionspsychologie stützt sich auf die von Charles Darwin formulierte Evolutionstheorie, die besagt, dass bevorzugt Gene weitervererbt werden, die die Überlebens- und die Fortpflanzungschancen, oder zumindest die Weitergabe der eigenen Gene eines Individuums erhöhen (vgl. Aronson, Wilson, & Akert, 2008, S. 351). Zunächst leuchtet der Zusammenhang zwischen Evolution und Altruismus jedoch nicht ein. Warum sollte sich ein Mensch in Gefahr bringen, um einem anderen zu helfen, wenn er dabei doch sich und seine Gene in Gefahr bringt (vgl. ebd., S. 351)? Auch wenn keine der drei nachfolgend beschriebenen Theorien unumstritten ist, könnten sie eine Antwort auf einige Fragen darstellen oder zumindest bestimmte Zusammenhänge deutlich machen.

1.1.1 Die Verwandtenselektion

Der britische Biologe W. D. Hamilton legte den Grundstein der Theorie der Verwandtenselektion, indem er sinngemäß beschreibt, „dass Menschen nicht nur an ihrem eigenen Vorteil interessiert sind, sondern auch am Vorteil von Menschen, mit denen sie eine hohe genetische Übereinstimmung aufweisen" (Fetchenhauer & Bierhoff, 2004, S. 133). Somit ergibt aus evolutionärer Sicht durchaus einen Sinn, seinen Verwandten zu helfen, weil dadurch auch eigenes genetisches Material gerettet wird (vgl. Gollwitzer & Schmitt, 2009, S. 126). Hierbei „[ist] der Grad an Altruismus eines Organismus gegenüber einem anderen vom Grad der genetischen Verwandtschaft abhängig […] sowie von den Kosten für den Helfenden und dem Nutzen für den Hilfeempfänger" (Fetchenhauer & Schmitt, 2004, S. 133; Anpassungen & Auslassungen: T. M. K.). Dies wurde inzwischen mehrfach nachgewiesen, z. B. in einem Versuch von Burnstein et al. von 1994. Dabei bat man die Versuchspersonen darum, zu entscheiden, welche der drei sich in einem brennenden Haus befindlichen Menschen sie retten würden, wobei die anderen beiden sterben würden. Eine der drei fiktiv gefährdeten Personen war jeweils ein Verwandter (Schwester oder Bruder, Neffe oder Nichte) mit unterschiedlichem Verwandtschaftsgrad. Als Ergebnis konnte festgehalten werden, dass in einer tödlichen und gefährlichen Situation die Rettung eines näher verwandten Menschen wahrscheinlicher ist, als die einer anderen Person (Gollwitzer & Schmitt, 2009, S. 127).

Diese Theorie gilt als umstritten, weil nicht nachweisbar ist, ob es genetische Ursachen hat, dass bevorzugt Verwandten geholfen wird, oder ob es einfach nur in der Angst begründet ist, einen geliebten Menschen zu verlieren und daraufhin ein größeres Risiko zur Rettung dieser Person eingegangen wird (vgl. Aronson et al., 2008, S. 353). Des Weiteren bleibt die Frage, warum wir uns auch Unbekannten gegenüber hilfsbereit zeigen, unbeantwortet. Dafür hat jedoch Trivers (1971) eine Erklärung gefunden, die im nächsten Abschnitt dieser Referatsverschriftlichung erläutert wird.

1.1.2 Die Reziprozitätsnorm

„[Bei der] Reziprozitätsnorm [handelt] es sich um die Erwartung […], dass man durch Hilfe für andere Menschen die Wahrscheinlichkeit erhöht, dass diese einem in der Zukunft ebenfalls helfen werden" (Aronson et al., 2008, S. 352; Anpassungen & Auslassungen: T. M. K.). Trivers beschrieb drei Voraussetzungen, die den reziproken

Altruismus in der Evolution unterstützen. Dazu zählt ein günstiges Kosten-Nutzen-Verhältnis, welches besagt, dass die „Hilfeleistung […] umso wahrscheinlicher [ist], je geringer die Kosten für den Helfer und je höher der Nutzen für den Hilfeempfänger sind" (Fetchenhauer & Bierhoff, 2004, S. 134; Auslassungen & Anpassungen: T. M. K.). Zudem sind beständige Gruppenverhältnisse (vgl. ebd., S. 134) und „[d]ie Fähigkeit zur Identifikation von nichtkooperativen Gruppenmitgliedern" (ebd., S. 134; Anpassungen: T. M. K.) förderlich. Somit hat sich diese Norm genetisch in uns Menschen verankert, weil es, wenn man sich kooperativ miteinander zeigt, einfacher ist zu überleben (vgl. Aronson et al., 2008, S. 352).

1.1.3 Das Erlernen sozialer Normen

Soziale Normen sind ein wichtiger Bestandteil jeden Kulturkreises, jeden Landes und jeder Gruppierung. Ohne sie würde es stets zu Missverständnissen kommen und keiner wüsste, wann welche Handlungsweise angebracht oder unangebracht wäre. Über soziale Normen identifizieren und grenzen wir uns von anderen ab. Auch Hilfsbereitschaft ist eine solche Norm, die als hohes Gut in unserer Gesellschaft anerkannt und somit von nahezu jedem Menschen angestrebt wird. Wer hilfsbereit ist, wird geschätzt und hat in weiterem Sinne eine höhere Überlebenschance als jemand, der diese soziale Norm nicht verinnerlicht hat. Diesen Zusammenhang zwischen Evolution und Altruismus stellte der Nobelpreisträger H. Simon im Jahre 1990 her. Danach „[ist] [f]olglich […] durch natürliche Auslese die Fähigkeit, soziale Normen zu erlernen, Teil unserer genetischen Ausstattung geworden […] und eine dieser Normen ist der Altruismus" [Aronson et al., 2008, S. 353; Auslassungen & Anpassungen: T. M. K.).

1.2 Theorie des sozialen Austauschs

Der Prinz aus dem Märchen rettet das Burgfräulein und darf es anschließend heiraten; der etwas modernere Superman hilft dabei, die Erde vor bösen Ungeheuern zu beschützen und wird als Held gefeiert; der unbeliebte Millionär aus Amerika spendet eine große Summe an Kinder in Afrika und die Welt bewundert ihn und bedankt sich in Form von Aufmerksamkeit. Diese Aufzählung könnte noch ewig so weitergeführt werden – doch was steckt dahinter? Sowohl der Prinz, als auch Superman und der Millionär werden für ihre guten Taten belohnt. Sie geben sich in Gefahr oder opfern einen Teil ihres Vermögens und bekommen dafür Anerkennung, Ruhm und Lob. Genau um dieses Belohnungsprinzip geht es bei der Theorie des sozialen Austauschs, die sich durch nahezu alle Aspekte der Sozialpsychologie hindurchzieht, hier aber nur in Bezug auf das prosoziale Verhalten vorgestellt werden soll. Nach dieser Theorie fragt sich der Mensch, bevor er hilft, zunächst, ob sich der Aufwand für ihn lohnt oder ob die Kosten zu hoch sind, wobei es natürlich immer um die Minimierung von Kosten und Maximierung der Belohnungen geht (vgl. Aronson et al., 2008, S. 354). Als Aufwandsentschädigung können mehrere Dinge ausschlaggebend sein. Wie vorher schon einmal erwähnt, ist die Chance, dass einem selbst einmal geholfen wird höher, wenn man anderen Menschen hilft. Man könnte mit prosozialem Verhalten also sein eigenes zukünftiges Wohlbefinden fördern und sicherstellen. Die persönliche Stimmung wird positiver, wenn man etwas Gutes tut. Des Weiteren fühlt man sich bei dem Anblick verletzter oder unglücklicher Menschen selbst nicht sehr wohl, baut sogar inneren Stress auf, den es zu beseitigen nur der Hilfeleistung bedarf. Außerdem möchte jeder Mensch anerkannt werden, vielleicht sogar einmal Ruhm und Ehre bekommen, wie beispielsweise Superman. Also hilft man, um seinen Status und das eigene Selbstwertgefühl zu steigern (vgl. ebd., 2008, S. 354).

Manchmal lohnt sich prosoziales Verhalten für den Menschen jedoch nicht. „Es wird umso weniger Hilfe geleistet, wenn die Kosten steigen – so etwa wenn sie uns in physische Gefahr bringt, Schmerzen oder Peinlichkeit verursacht oder einfach zu viel Zeit in Anspruch nimmt" (ebd., 2008, S. 354). Diese Theorie besagt also, dass Menschen nur aus Eigennutz und wirklich nur dann helfen, wenn der Nutzen die Kosten übersteigt. Was ist dann aber mit den Personen, die ihr Leben für andere geopfert haben? Diese und viele andere Beispiele zeigen, dass prosoziales Verhalten mehr sein muss, als ein egoistischer Akt, weshalb diese Theorie in Bezug auf dieses sozialpsychologische Phänomen eher umstritten als anerkannt ist (vgl. ebd., 2008, S. 354 f.).

1.3 Empathie-Altruismus-Hypothese

Im Allgemeinen ist es schwer, die genauen Gründe und Ursachen bzw. die Motive des Menschen zu helfen aus einem großen Gefühls- und Situationskomplex zu isolieren und zu entschlüsseln, sodass man wohl nie genau beschrieben werden kann, warum Menschen in welcher Situation helfen. Aber einige Studien geben nähere Hinweise für die Motive beim prosozialen Verhalten, die durchaus richtungsweisend sind. So beschäftige sich C. Daniel Batson intensiv mit der Idee, dass Menschen häufig nur aus rein altruistischen Motiven helfen, ohne dabei die Kosten und den Nutzen abzuwägen (vgl. Aronson et al., 2008, S. 355 ff.). „Batson argumentiert, in Wirklichkeit gehe es bei Hilfeleistungen nicht um die Verringerung des eigenen Distress, sondern um den des Opfers. Diesen emotionalen Impuls zugunsten einer anderen Person bezeichnet [er] [...] als Empathie" (Gollwitzer & Schmitt, 2009, S. 183; Anpassung & Auslassung: T. M. K.). Er streitet die vorher beschriebenen Aspekte des sozialen Austauschs nicht ab, möchte aber die Motivik des prosozialen Verhaltens um den Punkt der Empathie erweitern und nicht ausschließen, dass Menschen auch selbstlos helfen können (vgl. Aronson et al., 2008, S. 355 ff.). „Das altruistische Motiv wird gleichgesetzt mit situationsbedingter Empathie, die eine Sorge um das Wohlergehen anderer hervorruft" (Bierhoff, 2002, S. 329). Nach seinen Versuchen stellte er folgendes Schema auf: Sieht man einen Menschen leiden, wird man helfend einschreiten, wenn man Empathie für diese Person empfindet. Ist dies nicht der Fall, treten die Fragen des sozialen Austauschs in den Prozess der Entscheidung ein. Trotz zahlreicher Versuche kann auch diese Hypothese nicht eindeutig bestätigt werden und ist bis heute von einigen Verfechtern anerkannt, hat jedoch auch seine Kritiker. Dennoch muss man anerkennen, dass Empathie eine wichtige Rolle bei Prozessen bezüglich des prosozialen Verhaltens trägt; welche genau, das lässt sich jedoch leider nur inkonkret bestimmen (vgl. Aronson et al., 2008, S. 358).

2. Persönliche Eigenschaften und prosoziales Verhalten

2.1 Kulturelle Unterschiede

Die Kultur, in der wir geboren wurden und aufgewachsen sind, prägt uns.

> „Es gibt kulturelle Normen, Werte und Rituale, die von der gesamten Gemeinschaft geteilt werden; es gibt wechselseitige Erwartungen unter denen, die soziale Rollen einnehmen; es gibt auf Traditionen beruhende Rechte und Pflichten sowie allgemeine ethische Prinzipien [...], die einen formenden Einfluss auf das Verhalten der Menschen innerhalb einer Gesellschaft ausüben" (Bierhoff, 2002, S. 337; Auslassung: T. M. K.).

Auch unser Sozialverhalten wird durch unser Sozialsystem charakterisierende Faktoren beeinflusst. Somit gibt es auch Unterschiede im prosozialen Verhalten hinsichtlich der verschiedenen Kulturen unserer Erde. Hierbei wird zwischen interdependenten und westlichen Kulturen unterschieden. In Ersterer definieren sich die Menschen eher über die Zugehörigkeit zu Gruppen; bei uns spielt der Individualismus eine größere Rolle als der Kollektivismus. Generell und für alle Kulturkreis geltend lässt sich feststellen, dass die Hilfsbereitschaft gegenüber Angehörigen der Binnengruppe, also der, mit der sich ein Mensch identifiziert, größer ist, als gegenüber Fremdgruppenmitgliedern (vgl. Aronson et al., 2008, S. 361). So ist es nicht verwunderlich, dass in vielen interdependenten Kulturen „[…] die Bedürfnisse von Binnengruppen-Mitgliedern für wichtiger gehalten [werden] als die von Fremdgruppen-Angehörigen, und demgemäß erweisen sich die[se] Menschen […] als hilfsbereiter gegenüber Binnengruppen-Mitgliedern als Angehörige individualistischer Kulturen" (ebd., 2008, S. 361; Anpassungen & Auslassungen: T. M. K.). Hier wird jedoch auch eine schärfere Trennung zwischen Bezugs- und Fremdgruppe vorgenommen, sodass Menschen mit interdependenter Mentalität weniger dazu bereit sind, Menschen aus anderen Gruppen zu helfen, als Bewohner der westlichen Kulturkreise.

„Ein[en] spezielle[n] kulturelle[n] Wert mit starker Auswirkung auf prosoziales Verhalten" (ebd., 2008, S. 361; Anpassungen: T. M. K.) weisen die spanischsprachigen Staaten mit einem Phänomen auf, für welches es keine englische oder deutsche Übersetzung gibt: Simpatía. „[Es] umfasst eine Reihe sozialer und emotionaler Faktoren, darunter Freundlichkeit, Höflichkeit, Gutmütigkeit, Nettigkeit und Hilfsbereitschaft gegenüber anderen" (ebd., 2008, S. 361; Anpassung: T. M. K.). In einer Studie (Levine, 2003, Levine, Norenzayan & Philbrick, 2001) konnte zwar nicht eindeutig bewiesen werden, dass die Bewohner von ‚Simpatía-Staaten' hilfsbereiter wären, als andere, aber tendenziell lässt sich anhand der Ergebnisse ablesen, dass Kulturkreise bzw. Länder, in denen zwischenmenschliches, positives Verhalten einen großen Stellenwert einnimmt, von einer größeren Bereitschaft zu prosozialem Verhalten auszugehen ist (vgl. ebd., 2008, S. 361).

2.2 Stimmung

Unsere momentane Gemütslage beeinflusst unser gesamtes Handeln, Denken und Fühlen – so auch die Bereitschaft zu helfen. Gute Stimmung trägt insbesondere zur Steigerung des prosozialen Verhaltens bei, was durch ein Experiment von Isen und Levin (1972) verdeutlicht wird. In San Francisco und Philadelphia wurden in die Geldrückgabe von Münztelefonen 10-Cent-Stücke getan. Nachdem die Probanden die Telefonzelle verließen, entweder mit oder ohne Fund, kam ihnen ein Mann entgegen, der genau in diesem Augenblick einen Ordner mit vielen Papieren fallen ließ und beim Aufsammeln Hilfe gebrauchen konnte. Dabei wurde beobachtet, wie viele der

Menschen, die Geld fanden, demnach also glücklich waren, und wie viele derjenigen, die leider kein Geld fanden, bereit waren, dem Mann beim Aufsammeln seiner Papiere zu helfen. Das Ergebnis ist erstaunlich: 84 % der glücklichen Personen, aber nur 4 % der anderen aus der Telefonzelle kommenden Menschen zeigten Hilfsbereitschaft (vgl. Aronson et al., 2008, S. 361 f.). Weitere Studien beschäftigten sich mit der Begründung dafür, dass gute Stimmung unser prosoziales Verhalten so positiv beeinflusst und kamen zu drei Ergebnissen. Sind wir guter Laune, sehen wir das Leben positiver, sodass wir Personen, die uns vorher als unangenehm erschienen wären, wie z. B. den Mann mit dem Ordner aus dem oben beschriebenen Experiment, nicht ablehnen, sondern als sympathisch wahrnehmen, wie Carlson et al. (1988) und Forgas & Bower (1987) herausfanden (vgl. ebd., 2008, S. 363). Laut Clark & Isen (1982), Isen (1987) und Lyubomirsky, Sheldon & Schkade (2005) verlängern wir die Dauer unseres guten Gefühlszustands mithilfe der Unterstützung anderer in misslichen Lagen. Im Umkehrschluss verdirbt es uns förmlich die Laune, wenn wir sehen, dass jemand Hilfe braucht und trotzdem nicht helfen (vgl. ebd., 2008, S. 363). Als dritte Begründung für den Einfluss der positiven Stimmung auf das prosoziale Verhalten ist die erhöhte Selbstaufmerksamkeit durch diesen Gefühlszustand, die dazu führt, dass man mehr nach seinen eigenen Werten und Idealen, zu denen u. a. sehr häufig der Altruismus gehört, handelt und somit die Hilfsbereitschaft anderer Menschen gegenüber erhöht (Berkowitz (1987), Carlsson et al. (1988), Salovey & Rodin (1985) (vgl. ebd., 2008, S. 363 f.). „Die Auswirkungen guter Stimmung auf hilfreiches Verhalten sind jedoch von relativ kurzer Dauer" (Bierhoff, 2002, S. 324), wie eine 1976 in Lancaster (Pennsylvania) stattfindende Feldstudie von Isen, Clark & Schwartz zeigt. Nachdem den dort ansässigen Menschen ein Geschenk überreicht wurde, erreichte sie ein Telefonanruf, der falsch verbunden war und Hilfe benötigte. Kam der Anruf bis zu sieben Minuten nach dem Geschenk, zeigten sich die Menschen als sehr hilfsbereit, aber schon wenige Minuten später nahm die Anzahl der Hilfe zeigenden Menschen rapide ab, sodass festzuhalten ist, dass der positive Einfluss guter Stimmung auf das prosoziale Verhalten nur für eine kurze Dauer feststellbar ist (vgl. ebd., 2002, S. 324 f.).

Nun könnte man dem Umkehrschluss gemäß vermuten, dass schlechte Laune negativ auf das Hilfeverhalten einwirkt – dies wäre jedoch ein Irrtum. Auch in diesem Fall gibt es gewisse Faktoren, die sich positiv auf die Bereitschaft zu Helfen auswirken. Eine Studie von Harris, Benson & Hall (1975) ergab, dass Menschen, die in der Kirche Beichte ablegen wollten, vor dieser Tat eher für eine karitative Sache spendeten, als danach. Das bedeutet, die Menschen tun oft Gutes (z. B. Hilfe), um ihre Schuldgefühle und ihr schlechtes Gewissen auszugleichen (vgl. Aronson et al., 2008, S. 364). Auch, um sich selbst zu belohnen und dadurch glücklicher zu werden, hilft man Menschen in der Not, trotzdem man sich in schlechter Stimmung befindet. Diese „Negative-State-Relief"-Hypothese (Cialdini, Darby & Vincent (1973), Cialdini & Fultz (1990), Cialdini et al. (1987)) „ist ein Beispiel für den Ansatz der Theorie des sozialen Austauschs bezüglich der Hilfsbereitschaft [...]. Man hilft jemand anderem, um sich selbst zu helfen – nämlich, um seine eigene Traurigkeit und das eigene Leid zu lindern" (ebd., 2008, S. 364; Auslassungen: T. M. K.). Diese Art der Selbsthilfe tritt auch auf, wenn die Hilfeleistung thematisch nichts mit dem Grund der Traurigkeit gemein hat (vgl. ebd., 2008, S.364).

Zusammenfassend lässt sich feststellen, dass unsere Stimmung ein wichtiger Wegweiser bei der Suche nach Begründungen für erbrachte oder abgelehnte Hilfeleistungen sein kann, wobei jedoch keine eindeutige Aussage im Vorhinein getroffen werden kann, ob jemand mit entsprechender Laune helfen wird.

2.3 Persönlichkeit

Das Hilfeverhalten eines jeden einzelnen Menschen kann sehr unterschiedlich sein, ebenso wie die Persönlichkeit, aber inwiefern hängt beides miteinander zusammen? Dass dies sehr schwer zu bestimmen ist, soll dieses Experiment von Hugh Hartshorne & Mark May aus dem Jahre 1929 verdeutlichen. Bei der Beobachtung der Hilfsbereitschaft von 10.000 Grund- und Highschool-SchülerInnen, die sich in der Gutwilligkeit etwas im Krankenhaus zu verschenken, Geld zu spenden oder armen Kindern eine Freude zu bereiten äußern sollten, musste man feststellen, dass man aus der Disposition in einer Situation zu helfen nicht auf die einer anderen Begebenheit schließen konnte (vgl. Aronson et al., 2008, S. 359).

Dennoch kann man gewisse Kennzeichen einer prosozialen Persönlichkeit benennen und ihren Einfluss auf verschiedene Situationen beschreiben. Man geht davon aus, dass diese Merkmale sowohl bei längerfristigen Engagements, als auch bei spontanem prosozialen Verhalten wirken (vgl. Bierhoff, 2002, S. 326). „Zu den Elementen der prosozialen Persönlichkeit gehören soziale Verantwortung, Empathie und interne Kontrollüberzeugung" (ebd., 2002, S. 326). Die Empathie führt zu einer erhöhten Einfühlungsgabe in die Wünsche anderer Personen, die anderen beiden

Elemente lassen ein Pflichtgefühl bei der Beobachtung eines Unfalls o. Ä., welches zum Helfen aufruft, entstehen (vgl. ebd., 2002, S. 326). Ebenso Einfluss nehmend auf die prosoziale Persönlichkeit ist der von Lerner betitelte Glaube an eine gerechte Welt. „[D]arunter versteht man die generalisierte Erwartung, dass Menschen bekommen, was sie verdienen. Wenn andere, ohne dass sie es verdienen, leiden, wird damit die Überzeugung, dass die Welt gerecht ist, stark infrage gestellt" (ebd., 2002, S. 327; Anpassung: T. M. K.). Um dies nicht bestätigt zu wissen, wird eine von zwei Strategien angewendet: entweder man hilft dem Menschen, um die Gerechtigkeit der Welt wiederherzustellen, oder man wertet das Opfer ab, wenn Ersteres als hoffnungslos angesehen wird. Demnach kann dieser Aspekt der Persönlichkeit sowohl prosozial, als auch teilnahmslos angesichts von Notfällen in Erscheinung treten (vgl. ebd., 2002, S. 327 f.). Dagegen ist die Empathie ein relativ sicherer Faktor zur Bestimmung der Hilfsbereitschaft eines einzelnen Menschen. Untersuchungen von Bierhoff et al. (1991), sowie von Oliner & Oliner (1988) zeigten, dass Menschen, die helfen, ein höheres Maß an Empathie besitzen (vgl. ebd., 2002, S. 328). Letztendlich spielen jedoch so viele Faktoren bei der Entscheidung zu helfen eine Rolle, dass man nicht davon ausgehen kann, dass allein die Persönlichkeit bestimmt, wann und wie oft ein Mensch helfend eingreift, weshalb die Messung solcher Phänomene auch nahezu unmöglich ist. Dennoch beeinflussen bestimmte charakterliche Aspekte, Vorerfahrungen, Erziehungseinflüsse, etc. die generelle Hilfsbereitschaft eines Menschen.

2.4 Geschlechtsspezifische Unterschiede

Es ist wohl kaum verwunderlich, dass sich das männliche und weibliche Verhalten auch bezüglich von Hilfeleistungen voneinander unterscheidet. In jeder Kultur gibt es bestimmte Rollenzuschreibungen für beide Geschlechter. In unserem westlichen Kulturkreis entspricht das Männerideal dem Bild eines Helden, der tapfer, ritterlich und unerschrocken handelt, wohingegen die Frauen eher als schwach, aber liebevoll und ausdauernd in ihrer typischen Rollenzuschreibung dargestellt sind (vgl. Aronson et al., 2008, S. 360). In diesem Sinne spiegelt sich auch das Hilfeverhalten der unterschiedlichen Geschlechter wider. So helfen Männer in riskanten Situationen und auch fremden Menschen häufiger als Frauen. Diese hingegen begeben sich öfter in längerfristige Hilfs- und Pflegebeziehungen, insbesondere bei Verwandten und zeigen eher ein freiwilliges Engagement in sozialen Einrichtungen (vgl. ebd., 2008, S.360).

Leider befassen sich mit diesem Thema nur wenige Studien, sodass man u. a. nur aufgrund von gewissen Statistiken und Umfragen Vermutungen anstellen und Thesen aufstellen kann. Beispielsweise ist ein sicheres Indiz für die Risikobereitschaft der männlichen Bevölkerung, dass 91 % der Menschen, die von der Carnegio Hero Fund Commission eine Auszeichnung für ihre lebensgefährliche Rettung eines Fremden erhalten hatten, Männer sind (vgl. ebd., 2008, S.360). Für die ungefährlichere, aber längerfristige Art der Frauen zu helfen, spricht eine aus dem Jahr 1998 stammende Studie von Flanagan, Bowes, Jonsson, Csapo & Sheblanova unter Jugendlichen aus sieben Nationen, bei der „[…] mehr Mädchen als Jungen an[gaben], in ihrer Gemeinde ehrenamtlich tätig zu sein" (ebd., 2008, S. 360; Umstellung: T. M. K.).

Schluss

Abschließend lässt sich zusammenfassen, dass die Thematik des prosozialen Verhaltens sehr viele Aspekte beinhaltet und daher unerschöpflich erscheint. Die Nähe zu unserem Alltag macht diese Problematik sehr praxisbezogen und nachvollziehbar, ebenso auch die Schwierigkeiten der empirischen Versuche. Neben der psychologischen Perspektive halte ich es für sehr wichtig und nutzte diese auch dazu, mich selbst zu reflektieren. Denn so unterschiedlich die Ursachen für Hilfeverhalten in verschiedenen Situationen und unter stets anderen Umständen auch sind, Hilfsbereitschaft ist eine Tugend, die es weiterzugeben und anzuerziehen gilt. Viel zu selten finden Menschen heute noch den Mut einzugreifen und Schwächeren zu helfen. Das betrifft Gewaltsituationen wie auch alltägliche Begebenheiten. Unsere sozialen Beziehungen sind stark von der modernen Ellenbogengesellschaft geprägt, sodass auch bei kleinen Hilfeleistungen stets bedacht wird, ob dies nicht den eigenen Nachteil hervorbringen könnte. Diese und weitere Gedanken beschäftigen mich seit der Anfertigung des Referats und der anschließenden Verschriftlichung. Ich bin froh, ein inspirierendes, praxisnahes und interessantes Thema wie dieses bearbeitet zu haben, da es mich auch in Zukunft begleiten wird.

Literaturverzeichnis

Aronson, E., Wilson, T. D. & Akert, R. M. (2008). *Sozialpsychologie.* (6. aktualisierte Aufl.). München: Pearson Studium.

Bierhoff, H.-W. (2002). Prosoziales Verhalten. In Stroebe, W., Jonas, K. & Hewstone, M. (Hrsg.), *Sozialpsychologie. Eine Einführung.* (S. 319-351). Heidelberg: Springer.

Fetchenhauer, D. & Bierhoff, H.-W. (2004). Altruismus aus evolutionstheoretischer Perspektive. *Zeitschrift für Sozialpsychologie, 35 (3),* 131-141.

Gollwitzer, M. & Schmitt, M. (2009). *Sozialpsychologie kompakt.* Weinheim: Beltz.